VIDA DE SANTA RITA

Pe. ALOÍSIO TEIXEIRA DE SOUZA, C.Ss.R.

VIDA DE SANTA RITA

EDITORA
SANTUÁRIO

DIREÇÃO EDITORIAL:
Pe. Fábio Evaristo Resende Silva, C.Ss.R.

COORDENAÇÃO EDITORIAL:
Ana Lúcia de Castro Leite

REVISÃO:
Luana Galvão

DIAGRAMAÇÃO E CAPA:
Marcelo Tsutomu Inomata

**Dados Internacionais de Catalogação na Publicação (CIP)
(Câmara Brasileira do Livro, SP, Brasil)**

Teixeira, Aloísio
  Vida de Santa Rita / Aloísio Teixeira – Aparecida, SP: Editora Santuário, 1995.

  ISBN 85-7200-251-0

  1. Rita de Cássia, Santa, 1381-1457 I. Título.

95-1902   CDD-282.092

Índices para catálogo sistemático:
1. Santas: Igreja Católica: Biografia e obra 282.092

26ª impressão

Todos os direitos reservados à **EDITORA SANTUÁRIO** — 2023

Rua Pe. Claro Monteiro, 342 – 12570-045 – Aparecida-SP
Tel.: 12 3104-2000 – Televendas: 0800 - 0 16 00 04
www.editorasantuario.com.br
vendas@editorasantuario.com.br

PREFÁCIO

Disse alguém que somente os nomes dos santos e dos papas duram para sempre.

Em 1981 foi celebrado o VI Centenário do nascimento de Santa Rita de Cássia, que pôs em festa milhares de igrejas e capelas dedicadas à "Santa dos Impossíveis". Há seiscentos anos, pois, o mundo conhece Santa Rita, e a devoção a ela cresce diariamente. Tudo o que se escreve sobre ela é lido sofregamente pelos seus devotos. Estampas grandes e pequenas enfeitam as paredes; santinhos são beijados e guardados devotamente nos devocionários. E nas horas em que o sofrimento ou o desespero penetra numa casa, logo os olhos se levantam para aquela estampa e os corações sobem ao céu, numa fervorosa prece Àquela que Deus colocou ao alcance de todos nas horas de angústia: "Santa Rita, rogai por nós! Valei-me, Santa Rita!"

Este humilde livrinho quer tornar Rita de Cássia ainda mais conhecida e invocada. É preciso que todos se ponham a par de uma vida tão simples e tão extraordinária que até parece romance, mas não é. "É um poema magnífico, rico de especiais finezas e inundado de límpida luz sobrenatural" (Salotti, *o.c.*, p. 41).

·1·
A ROSA DE CÁSSIA

É assim que o escritor Gerardo Bruni chama Santa Rita. Não é a primeira santa que tem seu nome ligado à rosa. Aqui e em toda a parte, nas festas e novenas de Santa Rita, o povo traz rosas para benzer. E as crianças, como fazem no mês de maio a Nossa Senhora, ofertam rosas a Santa Rita, por entre hinos de alegria.

Em Roccaporena, onde nasceu Rita, pode-se visitar um horto ou jardim onde foi colocado um belo conjunto de bronze representando Rita, doente em seu leito no convento, recebendo uma rosa que lhe traz uma amiga, como veremos à página 61.

Sem dúvida a rosa é um símbolo que tem muito a ver com a nossa Santa: Rita é uma rosa pela sua beleza, suave perfume e espinho. Resplandecente de beleza era sua alma, porque Deus morava nela, e Deus é a suprema Beleza. O perfume de santidade exalava daquele templo de Deus e encantava os devotos que, de todas as partes, acorreram ao velório da Santa ou foram visitar sua urna funerária. E os espinhos da rosa lembram que Rita foi atormentada a vida inteira pelos sofrimentos, especialmente por aquela chaga horrorosa na testa, ocasionada por um espinho misterioso que se desprendeu da coroa de espinhos de um crucifixo e veio feri-la (p.52).

Em Roma, ao pé do Capitólio, há uma pequena igreja de Santa Rita. Na sua festa, a 22 de maio, um grupo de meninas, depois da comunhão, oferece aos participantes um botão de rosa benta, em recordação da rosa de Santa Rita. As rosas que se ofertam a Santa Rita devem ser então, para nós, sinais de Deus dizendo: "Bem-aventurados os que sofrem com paciência, porque salvarão suas almas". Enquanto isso, sempre mais e mais devotos correm atrás do perfume das virtudes de Santa Rita. A gente aqui lembra uma palavra bíblica: "Corremos para o odor dos teus óleos perfumados" (Ct 3,1).

Numa carta escrita no VI centenário do nascimento de Santa Rita, em 1982, disse o papa São João Paulo II: "A rosa do amor se torna fresca e perfumada, quando associada ao espinho da dor".

·2·
A CIDADE-SIMPATIA

Você já foi a Cássia? Indo à Itália, não deixe de visitar essa cidade da Úmbria, província central do país, não longe de Roma. Em poucas horas de viagem você fica conhecendo não só a cidade de Santa Rita, como também as cidades queridas dos devotos de São Francisco e Santa Clara, como Assis, Gúbio, Perúgia, Foligno e Spoleto. Geograficamente falando, Cássia está, então, em boa companhia...

Situada numa colina, a pequena Cássia é uma cidade fotogênica, que na festa da sua Padroeira se cobre de luzes e enfeites que deslumbram os romeiros. É uma simpatia de cidade!

Como tudo na velha Europa, a história de Cássia se perde nos tempos. No começo do Século Doze – 1100 – ela foi reconstruída, já que estava completamente arruinada pelas guerras, incêndios e terremotos. Situada entre montanhas, na Idade Média foi cercada de muralhas que lhe davam segurança contra seus inimigos.

Mas quem visitar a pequenina Cássia de hoje, não pense que ela era assim no tempo de Santa Rita.

Nada disso! Era uma cidade grande, violenta e altiva, cheia de indústrias, de forte comércio e de exuberante agricultura. Ali se fazia comércio de tudo: papel, tecidos de lã, ouro e prata em grãos, óleo, sal e produtos agrícolas de todas as espécies. Era um centro comercial onde corria dinheiro...

Mas não era uma cidade materialista. O ambiente espiritual de Cássia ajudava o povo a ser cristão. Se os historiadores chamam a Úmbria de Terra dos Santos, isto se deve também a Cássia. A região era semeada de igrejas, conventos e abadias. O mosteiro das agostinianas, com igreja anexa, onde viveu Santa Rita, existia em Cássia desde o ano 1200.

Os santos que por lá nasceram e viveram convidavam o povo a segui-los na mesma fé para alcançar as mesmas bênçãos. Queremos citar aqui o beato Simão Fidati (1285-1348), religioso agostiniano, grande pregador e escritor, a quem Deus ornou com o dom de milagres.

Mas grande era também, em Cássia, a devoção e a influência dos outros grandes santos da Úmbria: S. Bento de Núrcia, S. Francisco de Assis e Santa Clara, S. Nicolau Tolentino (1245-1305), Santa Clara de Montefalco (1268-1308) e Santa Ângela de Foligno (1248-1309). A devoção e a proteção desses santos e santas pairavam acima de todas as misérias e problemas humanos, embalsamando o ar com o perfume da santidade e provando que, por onde os santos passam, Deus aí fica (Jean Guitton).

·3·
ROCCAPORENA

Outro nome que não pode ficar esquecido dos devotos de Santa Rita: Roccaporena. É um bairro ou vila de Cássia, distante dela uns cinco quilômetros. Lá nasceu Rita, filha de Antônio e Amada Lotti. Ali viveu nossa Santa quase a metade de sua vida, como criança, jovem, mãe de família e viúva, até ser levada por Deus para o mosteiro de Santa Maria Madalena, em Cássia.

A casa onde Rita nasceu não existe mais, pois um terremoto a destruiu. Foi reconstruída para marcar o lugar primitivo. Mas existem outras coisas do tempo da Santa. Lá está, por exemplo, a igreja de São Montano, onde Rita se casou, e por onde passaram, a caminho do cemitério, os enterros dos seus pais, marido e dos dois filhos. Resta também a casinha onde Rita morou depois de viúva, hoje transformada em capela. Por fim, não custa visitar o "jardim dos milagres", onde se acha o monumento representando Rita recebendo uma rosa das mãos de uma amiga.

Mas o que mais cai na vista em Roccaporena é o Morro de Santa Rita. Parece um gigantesco cupim verde, com uma igrejinha no topo. Muito empinado, rochoso e cheio de vegetação, os italianos chamam aquele morro de Schoglio (Escolho) ou Schioppo. A tradição sustenta que Santa Rita tenha subido muitas vezes aquele morro, só e acompanhada, para rezar. A igrejinha que lá existe hoje é moderna e foi construída para proteger uma pedra contra a fúria devocional dos romeiros caçadores de relíquias. É que, daquela pedra, Rita teria sido levada, pelos seus santos padroeiros, para o mosteiro de Cássia (p. 37). Hoje, existe uma revista semanal, editada em Roccaporena, chamada "Dallo Scoglio di Santa Rita".

As lendas enfeitam as biografias dos santos e santas, mas fazem os "intelectuais" rirem e torcerem o nariz. Uma coisa é certa: é muito difícil interpretar os fenômenos místicos, isto é, as coisas extraordinárias que Deus realizou com seus santos e santas. Não podemos querer reduzir tudo às nossas dimensões, porque Deus simplesmente os fez extraordinários. Muitos santos e santas poderiam dizer: "O Senhor fez em mim maravilhas!" Entre esses, nossa querida Santa Rita.

·4·
A QUERIDA SANTA DOS IMPOSSÍVEIS

Não sei se Rita é a santa mais popular do mundo, mas parece. Vejam: só na Itália há mais de trezentas igrejas e capelas dedicadas a Santa Rita. Duvido que no Brasil haja menos. De norte a sul, nosso país está semeado de igrejas de Santa Rita. Temos vinte e quatro municípios chamados "Santa Rita"; só em Minas há onze! Basta conferir o Código de Endereçamento Postal, o CEP.

Sabemos que esse fenômeno se repete em toda a parte, na Europa, nas Américas e nas Filipinas.

Nossa Santinha até ganhou um apelido do povo: "Santa Rita dos Impossíveis", que significa bem o contrário: Para Santa Rita tudo é possível. Quem não acha solução, não vê saída, procure por ela! É tal a confiança dos devotos na sua Santa, que alcançam tudo o que lhe pedem. Numa novena semanal em honra de Santa Rita, escutei: "Ó Santa Rita, modelo das virtudes cristãs, intercessora poderosa dos casos impossíveis..." Tratam a Santa com aquela mesma confiança dos devotos da Virgem Maria, que lhe dizem: "O que Deus pode mandando, ó Virgem, vós o podeis orando".

A mim me parece que esse "dos Impossíveis" nasceu primariamente de um fato extraordinário que se lê em todas as biografias da Santa: Sua Superiora, no convento, para experimentar a obediência de Rita, mandou-a regar diariamente um toco de videira completamente seco. Deus se mostrou contente com a obediência de sua serva e, como prêmio, a videira brotou. Brotou, cresceu e deu muita uva para regalo das Irmãs.

Quem for hoje a Cássia poderá ver uma velha e grossa cepa de uva, de mais de duzentos anos, filha ou neta... da parreira de Santa Rita. Não se diz que obediência faz milagres? Se o fato, em vez de histórico, for uma bela parábola, o ensinamento é claro: para Deus nada é impossível, e ele pode realizar prodígios pelas mãos de seus santos e santas.

Mas, além do "milagre da videira", não faltam outros "impossíveis", como o da rosa e dos figos colhidos no inverno, os sinos batendo sozinhos na morte de Rita e o perfume que começou a exalar da chaga de Rita, apenas ela fechou os olhos para este mundo. Sobre estes fatos falaremos mais à frente.

Um autor muito antigo é de opinião que, para Rita, o maior dos "impossíveis" foi ela ter conseguido que seus familiares e os parentes do marido assassinado perdoassem ao criminoso. A vingança teve a cabeça decepada por Santa Rita. E viva o perdão! Viva o amor! São Francisco, que era da província da Úmbria, como Rita, inspirou-a: "Onde houver ódio, que eu leve o amor".

•5•
A ROCEIRINHA DE ROCCAPORENA E O MILAGRE DAS ABELHAS

Nascida em 1381, a filhinha do "seu" Antônio e de Dona Amada foi batizada em Cássia, na igreja de Nossa Senhora do Povo. Recebeu ali o nome de Margherita, mas foi logo apelidada pelo pedacinho de seu nome, Rita.

Margherita – do latim *margarita* – significa pérola ou pedra preciosa. Leão XIII, quando a declarou santa, chamou Rita de "Pérola preciosa da Úmbria".

Meu Deus, que preciosidade! Que o diga o povo de Deus, principalmente as mães sofredoras e aflitas que recorrem a Santa Rita e alcançam consolo, paz e alegria.

Da infância de Rita ficou apenas um fato, curioso e interessante, representado numa belíssima pintura do século XVII e também numa bela fonte em Roccaporena: é o "Milagre das Abelhas". Trata-se do seguinte: Antigas e constantes tradições nos contam que, na primeira semana de vida, os pais de Rita, entre assustados e maravilhados, viram uma quantidade de abelhas sobre o berço da criança, algumas delas entrando e saindo da boquinha do neném, sem picá-lo nem molestar. O fato nos lembra do enigma de Sansão, o gigante Juiz do Antigo Testamento: "Do devorador saiu o alimento, e do forte saiu a doçura" (Jz 14,14). Um enxame, que poderia matar um adulto, nada fez contra aquela doçura de criança, que mais tarde seria a invencível Santa Rita.

De resto, a interpretação do fato fica por conta do leitor, já que, passado o susto dos pais, o caso das abelhas foi ficando esquecido, não se dando a ele nenhum valor profético. Os pregadores das festas de Santa Rita saberão achar lindas explicações, ricas de mensagens...

Se pudéssemos retroceder a Roccaporena de 1371 a 1380, encontraríamos por lá uma linda menina, crescendo em sabedoria, idade e graça, vestida com tecidos caseiros, brincando com suas coleguinhas, sem escola.

Nas roças, inclusive nas do Brasil, meninos e meninas aprendem a manejar uma enxada e outros pequenos instrumentos agrícolas; aprendem a semear e a colher. Com Santa Rita não foi diferente. Eis a nossa "roceirinha" ajudando os pais na casa e no campo, conhecendo o peso do dia e do calor e vendo a família prosperar, graças ao trabalho árduo e abençoado.

Desde pequena, ela aprendeu o valor da saúde para se poder trabalhar e a necessidade de agradecer a Deus o pão de cada dia. Foi tomando gosto pela missa e fazendo dela o centro de sua vida, até quando, instruída pelos pais, pôde participar da Eucaristia. Ela sabia também que, como filha única, incumbiria a ela, mais tarde, perpetuar a família, por meio do casamento e dos filhos, e cuidar dos velhos pais. Por isso, muito amada por eles, cercada de carinhos, sabia retribuí-los.

·6·
O GOSTO PELAS COISAS DE DEUS

Já ouvi, mais de uma vez, que não há moça ou senhora cristã que, alguma vez na vida, não tenha pensado em ser religiosa ou freira. Uma delas, mãe de família, segredou-me certa vez que, tendo entrado no convento carlista de Aparecida, sentiu ali tanta paz que, se dependesse dela, teria ficado por lá para sempre.

A primeira condição para o nascimento de uma vocação religiosa ou sacerdotal é o ambiente religioso no lar. Rita viveu neste ambiente. Desde pequenina acompanhou os pais nos deveres e devoções religiosas: oração em casa, novenas, missas, procissões e comunhões.

O fervor religioso de Cássia e de Roccaporena sempre foi sustentado pela presença de grandes pregadores e missionários, e isso contaminou de tal modo a jovem Rita, que fez dela uma pessoa extremamente religiosa. Voltaremos ao assunto quando enfocarmos sua entrada para o convento.

Pode-se duvidar de que Rita soubesse ler e escrever, pois isso era privativo de pouca gente daquele tempo. Mas como numa das mais antigas pinturas da Santa ela tem um livro nas mãos, concluem os historiadores que ela fosse alfabetizada, pois não teria sentido pôr um livro nas mãos de um analfabeto. A dúvida persiste.

Não conhecemos nenhum escrito dela, mas somente alguma sentença das suas conversas diárias. Por isso não existe uma "espiritualidade" de Santa Rita, extraída dos seus escritos, mas há, sim, uma espiritualidade nascida de sua vida e exemplos. Essa é muito forte e fez com que São João Paulo II escrevesse em 1982: "A lição da Santa se concentra sobre estes elementos de espiritualidade: oferta do perdão e aceitação do sofrimento, por meio da força do amor para com Cristo, coroado de espinhos e ridicularizado como rei".

Como a igreja universal, Rita cultivou especial devoção aos anjos. É bom que a gente saiba disso, num tempo em que está ficando moda a descrença naqueles espíritos celestes que Deus criou e colocou às suas ordens e como protetores dos homens e mulheres. Foi preciso que o saudoso papa Paulo VI ensinasse, mais uma vez, no "Credo do Povo de Deus", que a existência dos santos Anjos é um dos artigos da nossa fé.

No processo de beatificação de Rita apareceu uma testemunha que depôs ter ouvido de sua mãe que Rita se entretinha com os anjos do céu, rezando no forro de sua casa e contemplando o céu através de uma janelinha que havia lá.

É preciso que não abandonemos essa devoção, especialmente nas missas, pois quase todos os "Prefácios" terminam com estas ou semelhantes palavras: "Agora e sempre nós vos louvamos com os anjos e santos, dizendo a uma só voz: Santo, Santo, Santo..."

•7•
ALIANÇA NAS MÃOS DIREITA E ESQUERDA

Uma pequena e bem antiga biografia de Rita diz que ela foi obrigada pelos pais a casar-se. Mas não vamos pensar em violência. Foi um entendimento amigável entre pais e filha que chegou a um final feliz. Fizeram Rita ver que não era possível ela abandoná-los na velhice, ou ela mesma ficar solteira e desamparada, quando eles já não existissem mais. Rita deve ter-se aconselhado também com outras pessoas de sua confiança, ou mesmo com seu confessor, que deram razão aos pais dela. Entregou-se, então, nossa Santa, à vontade de Deus e começou a preparar-se para o casamento.

Mas a vontade mesmo de Rita era ser religiosa, entregando-se totalmente a Deus. Quando, por vezes, em Cássia, escutava os sinos dos mosteiros, parecia-lhe estar ouvindo claramente a voz de Deus chamando-a para a vida religiosa. Essa vocação não seria apenas um segredo do seu coração, mas, mais de uma vez, ela a teria manifestado às suas amigas. Mas todos sabiam da dificuldade de ser ela filha única. Hoje, ainda, as congregações masculinas e femininas evitam aceitar candidatos à vida religiosa que sejam arrimo de família. Já tem acontecido de religiosos e religiosas terem de abandonar seus conventos para socorrerem um pai velho ou uma mãe desamparada.

Querem os historiadores que Rita se tenha casado com 17 ou 18 anos. Tanto o noivado como o casamento poderão ter sido realizados na igreja ou em outro lugar autorizado. Tudo feito com simplicidade, mas com muita dignidade. Aliás essas pompas e ostentação de certos casamentos de hoje eram proibidas em Cássia, por leis do governo que proibiam gastos inúteis.

Trocaram os noivos suas alianças bentas perante um sacerdote e compareceram também perante um juiz que, tendo tomado o consentimento do casal, declarou-os casados pelas leis do país e assinou a ata de casamento com algumas testemunhas. Após abraços e cumprimentos, todos os presentes selaram seus bons desejos e votos com um copo de bom vinho.

Rita partiu para sua nova casa e nova vida, cheia de esperanças e com as bênçãos de Deus e dos seus pais. Sua casa era ali mesmo, na vila, perto dos pais.

•8•
QUE MARIDO, CREDO!

Os sonhos de felicidade de Rita, brevemente, desvaneceram-se: foram-se as rosas, ficaram os espinhos.

– Quem era o marido de Rita? Chamava Paulo Ferdinando, da família Mancini, ali de Roccaporena mesmo. Seguramente que os pais de Rita se enganaram muito com o genro.

Passados aqueles primeiros dias de encantamento, foi aparecendo o verdadeiro Paulo, um homem irascível, violento, um gênio impossível. Era um homem feroz, diz um escritor. Estúpido, gostava de ganhar as coisas no grito. Era um lavrador forte e destemido, evitado por muitos e querido por poucos.

Começaram aqui os sofrimentos de Santa Rita como esposa, mas começaram também os seus merecimentos junto de Deus, que fazem dela a poderosa protetora das mães, que correm diariamente às suas igrejas em busca de ajuda para os problemas conjugais.

Não sei se pintam com cores sombrias demais o lado negativo de Paulo, fazendo-o um homem que só gostava de armas, de brigas e de mulheres, para depois realçar seu lado positivo, o cristão manso e carinhoso que apareceu após sua conversão. Mas o fato é que Rita conseguiu a conversão de Paulo. Aquela que hoje, no céu, tem convertido tantos maridos, também conseguiu a conversão do seu. Isso custou anos de sofrimento e oração, mas como a paciência vence tudo, Rita igualmente venceu. Venceu o egoísmo, a ruindade, a aspereza e o nervosismo de Paulo Ferdinando, fazendo dele um humilde servo de Deus.

Ainda hoje se pode visitar, em Roccaporena, a casa onde Rita viveu com o marido e os dois filhos. O que sumiu, já dissemos, foi a casa onde a Santa nasceu. A casa é pequena, sim, mas não é uma tapera.

•9•
OS DOIS FILHOS

João Jácomo e Paulo Maria são os dois filhos de Rita e Paulo Ferdinando. Talvez fossem gêmeos; se não, eram bem próximos um do outro. Agora sim, o trabalho de Rita redobrou, e o tempo de oração e meditação ficou reduzido. Mas ela conhecia a teologia da oração do trabalho: "quer vocês comam ou bebam ou façam qualquer outra coisa, façam isso em nome do Senhor Jesus para a glória de Deus" (1Cor 10,31).

Os trabalhos de uma mãe de família nós conhecemos, mas é bom pensar numa dona de casa vivendo na roça no século catorze, sem força elétrica e sem nenhum aparelho eletrodoméstico. Trabalho duro e pesado: arroz socado, pão feito em casa, roupas tecidas em tear caseiro e feitas a mão. A vida caseira de Rita estaria mais parecida com a de uma senhora do Antigo Testamento. Vejamos: "O valor da mulher virtuosa é superior ao das pérolas. O coração de seu marido nela confia. Jamais lhe faltará coisa alguma. Ela procura lã e linho e tece com alegria.

Ela é semelhante a um navio que traz de longe as mercadorias. Levanta-se de madrugada para preparar a comida para a família. Compra um terreno, cultiva-o e planta uma parreira. Seus braços são fortes e ela vê, com satisfação, seus negócios prosperarem. Cuida da candeia para que ela não se apague à noite. Pega no tear, fazendo rodar sua roda e o fuso. Estende a mão aos necessitados e socorre os pobres. Não teme o inverno, porque ela prepara agasalho para os filhos. Com fortaleza e dignidade enfrenta o futuro. Abre sua boca com sabedoria e ensina com bondade. Seus filhos e marido se levantam para elogiá-la, dizendo: 'Muitas mulheres realizaram coisas admiráveis, mas você excedeu a todas'" (Pr 31).

Rita criou os filhos num ambiente santo e sadio. Tudo correu bem com eles, até a morte do pai; depois apareceram os problemas. Quanta luta enfrentou a mãe para domar aqueles dois leõezinhos furiosos em que se converteram os dois rapazes, quando tiveram o pai morto.

Rita redobrou suas orações e sacrifícios: era preciso salvar seus filhos. Era preciso ganhar aquela luta para a glória de Deus!

·10·
UM HOMEM ASSASSINADO

Este foi um capítulo horrível na vida de Santa Rita. Gostaríamos de não precisar escrevê-lo e, após o casamento, ter escrito o velho chavão: "E foram felizes por toda a vida". Mas, infeliz e trágico acontecimento, enlutando corpo e alma de Rita e dos filhos, veio a suceder numa noite. De repente, batem à porta nervosamente. Vizinhos também acodem. Que será? – "Dona Rita, é má notícia: mataram seu Paulo" –, desabafa o noticiador, quase sem fôlego.

Que susto, meu Deus! Rita não consegue acreditar; os dois meninos emudecem apalermados... E nós, com eles, também nos calamos diante daquela barbaridade: um marido recém-convertido, um chefe de família agora responsável e respeitado de repente é arrancado do lar por mãos criminosas... Moço ainda, Paulo Ferdinando poderia ter ainda uns quarenta anos pela frente, com dois jovens para acabar de criar. E agora, o que seria da família?

Aqui aparece um mau pensamento contra a vítima: certamente foi ele o responsável, já que havia sido um baguinceiro... Paulo foi julgado antecipadamente: "Ele foi o culpado; pagou pelo que devia!" Mas será que foi assim mesmo?

Há alguns autores antigos que estão na linha de acusação contra Paulo, como culpado da própria morte. Mas há também os que não pensam assim. O que Rita pensou e comentou com os parentes jamais saberemos, porque o crime não foi desvendado. Quem matou? Num livro chamado "Mensagens Históricas de Cássia", o autor acha que Paulo foi assassinado por vingança de algum erro passado; no momento Paulo era outro. Outros acham que foi problema político, isto é, briga entre facções e partidos adversários.

Segundo a tradição que foi recontada no processo de beatificação de Rita, ela correu na frente com algumas pessoas, para esconder dos filhos a camisa ensanguentada de Paulo. Ela temia que os filhos, à vista do sangue, sentissem-se chamados à vingança e mais tarde se tornassem criminosos.

Como autêntica cristã e revestida do dom da fortaleza, Rita perdoou ao assassino ou aos assassinos e começou a trabalhar os corações dos filhos, para que também perdoassem. Falou-lhes da sublimidade do perdão, do exemplo de Cristo, que morreu perdoando e que perdoar era o melhor que poderiam fazer pela salvação da alma do pai. Mas parentes e vizinhos insuflaram bem o contrário nos ouvidos dos dois jovens: que eles precisavam vingar a morte do pai, sangue com sangue. Foi preciso muita luta, muita oração e muitos sacrifícios daquela santa mãe para aplacar o ódio de morte dos corações dos filhos.

·11·
RECONSTRUÇÃO PELO PERDÃO

Só o amor constrói, só o amor perdoa. É de um amor recíproco entre Deus e nós que nos chega o perdão das nossas culpas. Nosso amor só é verdadeiro quando inclui nosso perdão. "Perdoai-nos as nossas ofensas, assim como nós perdoamos..." Perdoar aos inimigos é condição para Deus nos perdoar.

Rita não podia ver seus filhos e parentes cheios de ódio, porque quem odeia também é um criminoso e se afasta do amor de Deus. Podemos imaginar perfeitamente o que Rita dizia aos filhos naquela situação: "Meus filhos, a vingança pertence a Deus. Não são só vocês que estão sofrendo, sua mãe também está. E se eu posso perdoar, por que vocês não? Somos batizados e, portanto, irmãos de Cristo, que morreu perdoando: por isso ele tem direito de exigir que perdoemos. Além disso, se vocês matarem, também serão mortos, e como fica sua mãe? Já estou viúva e ainda vou ficar sem vocês? Lembrem-se de que vocês descendem de uma família de 'pacificadores', já que seus avós trabalharam para reconciliar inimigos e impedir novas vinganças".

Realmente sabe-se, por documentos, que os pais de Rita pertenceram a uma associação municipal chamada de "Pacificadores". Reunia pessoas de muita autoridade moral, virtudes, sabedoria e consideração, para poderem enfrentar a espiral das vinganças e salvar vidas por meio da reconciliação entre inimigos. Aqui, Rita provou ser, ela mesma, uma pacificadora, perdoando e fazendo tudo para que seus filhos perdoassem. Não faltava mais nada para Rita ser santa, já que estava no número dos bem-aventurados: "Bem-aventurados os pacificadores, porque serão chamados filhos de Deus" (Mt 5,9).

• •

Daqui para frente colocaremos, após cada capítulo, o relato de algum fato maravilhoso atribuído a Santa Rita. Eles estão catalogados no livro do processo de sua beatificação. Sabemos que os milagres não são o principal na vida dela nem dos outros santos, mas sem eles também não há beatificação nem canonização. Deus permita que esses fatos possam enfeitar estas páginas, como as despretensiosas flores à beira dos caminhos...

• •

UM BRAÇO RECUPERADO

Antes de ser fechada e selada a urna com o corpo de Santa Rita, uma parenta sua que tinha um braço atrofiado, seco e que nada podia pegar, e isso há muitos anos, veio abraçar e se despedir daqueles restos mortais que foram na terra templo vivo do Espírito Santo. Esta mulher debruçou-se chorando e abraçou várias vezes o pescoço de Rita. Ó maravilha! Sentiu que seu braço voltou ao normal, e que os músculos do braço voltaram a se movimentar, as mãos já podiam pegar e levantar peso. Estava curada. Era Deus testemunhando a santidade de sua Serva humilde e sofredora.

·12·
A PERDA DOS FILHOS

A Bíblia conta de uma mãe heroica que assistiu ao martírio de sete filhos. O cruel rei Antíoco Epífanes (175-163 a.C.) quis obrigar toda a família a renegar a fé em Deus, comendo carne de porco, proibida pela lei dos hebreus. Todos preferiram morrer e foram executados um a um diante da mãe e dos irmãos, com requintes de crueldade. A mãe, intrépida e corajosa, rezava e animava os filhos a morrerem antes de renegar a fé. Por fim, ela mesma foi martirizada.

A respeito daquela mãe, diz a Escritura: "Admirável e digna de eterna memória foi aquela senhora, que soube portar-se corajosamente diante dos seus filhos, mortos num só dia. Ela lhes dizia: 'O Criador vos devolverá, um dia, espírito e vida, do mesmo modo como sacrificais agora vossa vida em favor de suas leis'" (2Mc 7,20-23).

Podemos ver nesta santa mártir do Antigo Testamento uma figura de Santa Rita. A mãe dos sete irmãos macabeus pedia a eles que preferissem morrer a renunciar à fé. Rita pedia a Deus que antes levasse seus filhos que permitisse tornarem-se criminosos. E Deus atendeu os rogos desta outra heroica mãe. Vamos repetir a ela o elogio da Escritura: "Admirável e digna de eterna memória é esta senhora".

Desde a morte do marido, a cruz de Rita foi-lhe pesando cada vez mais. Seus filhos cresciam e se robusteciam, mas crescia igualmente nos seus corações o ódio e a sede de vingança. Foi então que Rita ofereceu seus filhos a Deus, num heroico holocausto: "Meus Deus, antes mortos que criminosos!"

Pinturas na igreja de Roccaporena lembram que Rita acompanhou os filhos até a sepultura, "vítimas do seu amor". E um antigo hino em honra dela tem esta estrofe: "Mãe cheia de lágrimas, reduziste a vida dos filhos aqui na terra, para que eles não viessem a sentir o suplício de uma morte infeliz".

Deus viu o drama terrível do coração de sua filha Rita e, para o bem de todos, chamou a si os dois jovens, João Jácomo e Paulo Maria. Uma doença grave, uma febre maligna, pôs fim aos dois descendentes de Rita. Somos obrigados, aqui, a nos lembrar da soledade da Virgem Maria e das lamentações de Jeremias: "Como jaz solitária a cidade outrora tão populosa! Ó vós todos que passais pelo caminho, parai e vede se há dor semelhante à minha dor!"

Que as "Ritas" de hoje, que têm seus filhos assassinados ou mortos nos acidentes de trânsito, não se desesperem. Vejam o exemplo de Rita e entendam sua mensagem.

"MESTRE CICCO BÁRBARO"

Era assim que o chamavam seus aprendizes da arte da marcenaria. Realmente Cicco era um artista da madeira, até que um acidente com suas ferramentas deixou suas mãos aleijadas.

Ele foi um dos primeiros que visitaram o corpo de Santa Rita. E ali lhe passou pela cabeça um desejo que ele expressou em voz alta: "Se não estivesse impossibilitado, faria uma bela urna para o corpo de Rita".

Deu-se o milagre! As mãos do mestre se recuperaram inexplicavelmente e ele pôde fazer a urna. Com que gratidão e capricho ele confeccionou aquela urna funerária em que foi colocado o sagrado corpo de Rita!

Anos depois, quando descobriram que o corpo da Santa estava incorrupto, colocaram a urna de Mestre Cicco dentro de outra, mais rica e mais enfeitada.

·13·
UM MONTE DE SANTOS

Não há santo ou santa que não tenham sido devotos de Nossa Senhora, e Rita não foi exceção. Mas os documentos não dizem apenas que ela foi devota, mas sim "devotíssima". Nem precisamos de documentos para acreditar nisso. A Itália é o país da "Madonna", Nossa Senhora com todos os sobrenomes, aos milhares. Os mais diversos santuários de Maria se espalham por toda a parte. Naquele tempo ainda não havia essas religiões que se dizem cristãs, mas que não querem saber de Nossa Senhora. Portanto, desde criança, Rita aprendeu a amar Nossa Senhora e a consagrar-se a ela. Na urna funerária de Rita havia um rosário, prova que essa devoção já era conhecida.

Mas a par da devoção mariana, Rita cultivava grande devoção a certos santos, principalmente a três que ela escolheu para seus padroeiros: São João Batista, Santo Agostinho e São Nicolau Tolentino. A respeito deste último, quero deixar algumas informações, pois ele é pouco conhecido aqui no Brasil. Nasceu ele na Úmbria, como Rita, em 1246. Sua cidade chamava-se Santo Ângelo de Pontano. Fez-se sacerdote e monge agostiniano. Foi mestre de noviços na sua Ordem, viveu em Tolentino uns trinta anos, onde foi pregador, confessor e apóstolo dos doentes e dos pobres. Foi dessa cidade que ele tirou seu sobrenome. Sua vida foi marcada por muitos e muitos milagres, que o fizeram muito popular. Faleceu em 1305, com sessenta anos, e foi declarado santo em 1446.

A oração da sua festa diz assim: "Concedei, ó Deus onipotente, que a vossa Igreja, resplandecente pelas virtudes e milagres de São Nicolau Tolentino, goze, por sua intercessão, de unidade e de paz duradoura".

São João Batista alcançou a Rita uma fé inabalável no Cristo, Filho de Deus, que tira os pecados do mundo. Santo Agostinho ensinou-lhe a sublimidade do amor a Deus e o amor à penitência. E São Nicolau inspirou ainda a Rita um grande amor aos pobres e doentes. Deles todos, enfim, ela recebeu substancial ajuda para suportar heroicamente a perda da família e para enfrentar a solidão, até que ela fosse recebida no convento de Cássia. Sem dúvida, a solidão de Rita foi povoada pela presença dos seus santos padroeiros. Eles a consolaram e fizeram ver que lhe restava ainda um longo caminho a percorrer.

Sem as preocupações pela família, Rita sentia-se toda livre para servir a Deus e entregar-se inteiramente a fazer a sua vontade. Mas o que é que Deus queria dela? A resposta de Deus se aproxima.

Chamamos este capítulo de "Um Monte de Santos", não para dizer que Rita fosse acompanhada por uma legião deles, mas porque o morro de Roccaporena – o Schoglio – está ligado com os Santos Padroeiros de Rita, é povoado pelos seus Santos.

ERA UMA VEZ UM CEGO

Seu nome? Batista D'Ângelo Colgiacone. Tendo perdido a vista, caiu numa tristeza mortal.

Foi quando ouviu falar das graças e milagres que se realizavam em Cássia, junto aos restos mortais de Rita. Pediu, então, aos seus familiares que o levassem lá. Eles o atenderam, e tendo chegado a Cássia três dias após a morte de Rita, encontrou seu corpo ainda em exposição. Batista D'Ângelo ajoelhou-se e rezou longo tempo, pedindo a graça da cura dos seus olhos. De repente, ele percebeu que estava vendo de novo! E logo lembrou-se de agradecer: "Meu Deus: eu vos agradeço e à poderosa Santa Rita!"

·14·
"VISTES, ACASO, AQUELE QUE MEU CORAÇÃO AMA?"

Filha, esposa, viúva e mãe despojada dos seus filhos, ainda faltava a Rita subir o último degrau: ser uma religiosa conventual.

Sem o amor do marido e dos filhos, Rita se entregou totalmente a Deus. Continuou, por breve tempo, a trabalhar para garantir sua subsistência, mas todo o tempo disponível era repartido entre igreja, orações, visitas aos doentes e ajuda aos pobres. Rita fez-se toda para todos.

Nisto, foi amadurecendo em seu peito um velho sonho, acalentado desde a juventude: tornar-se uma religiosa. Foi a Cássia conversar com a madre superiora do Mosteiro de Santa Maria Madalena, mas esta se desculpou, dizendo que não era possível, porque Rita era viúva; ali só entravam moças, porque assim exigiam os Estatutos da Ordem.

Entristecida e frustrada, Rita voltou para casa em Roccaporena. Mas seu coração lhe dizia que não era bem assim... Seus Santos Padroeiros dariam um jeito... Continuou a rezar mais do que nunca, para que Deus lhe apontasse um caminho.

A Esposa do Livro dos Cânticos corria pelos campos e colinas, perguntando aflita: "Vistes, acaso, Aquele que meu coração ama?" (Ct 3,3). Por fim, desfalecendo de cansaço, ela o encontra e diz: "Encontrei o Amado do meu coração; abracei-o e não o deixarei mais".

Por vezes Deus se esconde, mas ele sempre se deixa encontrar pelos que o procuram. Após longa e cansativa procura, Rita também achou o seu Amado, lá dentro dos muros de um mosteiro.

CIRROSE HEPÁTICA

É doença terrível e fatal. Em geral está associada ao abuso do álcool, mas tem também outras causas, principalmente a hepatite mal curada.

Ainda em 1457, Dona Lucrécia, esposa de Paulo Colforcello, já avançada em anos, estava sofrendo horrivelmente de uma cirrose e hidropisia. Tudo lhe fazia mal, e uma falta de ar a sufocava. Trazida a Cássia pelos seus parentes, rezou com eles, cheia de fé, pedindo a Santa Rita que a aliviasse. O milagre não se deu em Cássia, mas na volta para casa. Chegando lá, Lucrécia, para alegria sua e de toda a família, viu-se completamente curada, para glória de Deus e louvor de sua serva Rita.

·15·
RITA NO CONVENTO

Se for lenda, são as monjas do Mosteiro de Santa Maria Madalena que contam na biografia de Santa Rita: Aconteceu, escreveram elas, que certa noite, em meio às suas fervorosas orações, Rita ouviu uma voz que a convidava a ir para o convento. Voltando-se em direção à voz, ela viu São João Batista que caminhava em direção ao Monte de Santa Rita ou "Schoglio". Rita correu e acompanhou-o até lá em cima, onde começou a sentir-se só e abandonada. Rita rezou intensamente. Acima dela, só o céu, a sublimidade de Deus. Abaixo, o abismo lembrando-lhe do mundo e dos perigos para a salvação... Rita começou a perguntar-se o que estaria fazendo ali no morro àquelas horas. Nisso se viu ela cercada pela presença amiga dos seus Santos Padroeiros, João Batista, Agostinho e Nicolau Tolentino, que a tomaram em seus braços e, num lindo voo, depuseram-na sã e salva, dentro do mosteiro agostiniano de Cássia. Rita acordou como São Pedro quando foi libertado da prisão: só então viu que não era sonho, mas pura realidade; atravessou grossas portas e grades e foi deixada no meio do coro, o lugar onde as monjas rezavam. Quando elas chegaram para a oração levaram aquele susto! – Quem era aquela senhora? Como entrara? Quem lhe abrira a porta? Mil perguntas, às quais Rita respondeu com muita humildade: "Sou a viúva Rita, de Roccaporena. Quem me trouxe aqui foram os meus padroeiros São João Batista, Santo Agostinho e São Nicolau. Como as senhoras podem ver, não arrombei porta alguma".

Ouvindo o relato do seu voo místico, aquelas santas religiosas com sua abadessa acreditaram no fato, viram nele claramente a vontade de Deus e aceitaram Rita como membro da comunidade. Era o ano de 1407.

Esse é mais um fato da vida gloriosa de Rita, que recebe milhares de interpretações. Ninguém precisa fazer um ato de fé na história que se conta, mas é bom saber que Rita foi a primeira a acreditar nela: sua entrada para o convento foi um milagre que o bom Deus se dignou realizar em favor de sua Serva. E ele o fez pela intercessão dos seus Santos Padroeiros. O fato é que, para Rita ser uma religiosa, Deus teve de abrir-lhe caminho. E na lembrança do povo de Deus, fica esta mensagem: Rita foi cercada de especiais carinhos de Deus. Ela não sofreu em vão, mas seus sofrimentos se converteram em poder de intercessão junto de Deus.

A "CECCA DE ANTÔNIO"

Esta senhora ficou para a História somente com este apelido: "Cecca", que significa tagarela. Devia ser gente muito simples, dessas pessoas de quem Deus gosta mais. O mal do qual ela foi curada não era assim tão grave. Tratava-se da surdez de um ouvido, que ela perdera há cinco anos.

Invocando o poder divino por intercessão de Santa Rita, recebeu a graça. Estando no meio da multidão que rezava e cantava, ela sentiu-se repentinamente curada.

Talvez "Cecca" precisasse desse pequeno sinal para robustecer sua fé e caminhar dali por diante no caminho da santidade...

·16·
RITA FAZ O NOVICIADO

Quem vai entrar para uma Ordem ou congregação religiosa deve fazer um ano de preparação antes de professar os votos de pobreza, castidade e obediência. Esse ano chama-se noviciado. Há congregações que exigem mais de um ano de noviciado e que professam mais alguns votos além dos mencionados.

Debaixo da orientação de uma mestra, Rita teve de fazer também seu noviciado, que começou com a recepção do hábito ou batina agostiniana, o chamado "hábito de Santa Mônica". Mônica, sabemos, foi a mãe de Santo Agostinho. Uma pintura muito antiga retrata Santa Rita recebendo hábito, cercada por outras monjas; esta pintura tem no rodapé esta inscrição: "Santa Rita se faz monja e recebe o hábito de Santa Mônica, mãe de Santo Agostinho, e foi recebida pelas outras".

Corria o ano de 1407 quando Rita fez seu noviciado. Como boa noviça, punha em prática tudo o que ouvia sobre a espiritualidade de Santo Agostinho e Santa Mônica e observava escrupulosamente o que mandavam as Constituições e Estatutos da Ordem Agostiniana. Aprendeu a viver uma profunda humildade e a guardar sua língua de toda a palavra inútil. Procurou demonstrar todo o amor pelas colegas do mosteiro, pagando ao próximo o que de Deus recebia. Toda vida dedicada ao trabalho, no convento também não conhecia a preguiça. Era simplesmente incansável.

Sua humildade fazia com que Rita não só se sentisse a menor no convento, "uma pobre pecadora", como ela se chamou perante a comunidade, como também escolhesse para si os objetos mais simples e os trabalhos mais difíceis.

Mestres e Mestras de noviciado costumam vigiar e provar os noviços para ver se são dignos de professar os votos, que são meios de se viver a caridade e o amor de Deus. Logo no início do noviciado de Rita, sua mestra já viu que não precisaria vigiá-la, pois quem educou cristãmente dois filhos não necessitava que a vigiassem. O Espírito Santo era sua luz, Santo Agostinho seu pai, São João Batista e São Nicolau, os seus guias.

O ano de noviciado poderia ter passado depressa, tal o volume de ocupações, mas de fato demorou muito, porque Rita esperava ardentemente o seu fim para emitir os votos e entregar-se inteiramente a Deus. Sem encargos familiares, seu tempo pertenceria unicamente a Deus. Sem precisar correr atrás do pão de cada dia, dividiria com as outras monjas o pão que o convento lhe oferecia. Sem precisar mais dar ordens a ninguém, estava resolvida a obedecer, com toda a simplicidade, às Regras de Santo Agostinho e às prescrições das suas Superioras. Conhecia ela a palavra de Deus que diz: "A pessoa obediente cantará vitória" (Pr 21,28).

Com passos de gigante, Rita correu no caminho da perfeição, e o dia em que emitiu seus votos foi como o dia da entrada no céu! Estava registrada filha de Santo Agostinho e da admirável Santa Mônica. Aliás, os leitores que já conhecem um pouco da vida da mãe de Agostinho percebem muitas semelhanças entre ela e Rita. Ambas foram mães sofredoras com seus filhos e maridos. Ambas derramaram muitas lágrimas pela conversão deles, ambas se fizeram religiosas consagradas e são santas. Ambas são padroeiras das mães de família. Os altares de Mônica e de Rita estão sempre rodeados de mães de família, que lá vão implorar proteção para suas casas, conversão para seus maridos e bênçãos para seus filhos.

UM DEDO RECUPERADO

O dono desse dedo era o senhor Salimene de Antônio. Natural de Poggio, havia perdido ele completamente a sensibilidade de um dedo, e isso há bastante tempo. Veio a Cássia e debruçou-se longo tempo sobre o corpo de Santa Rita, donde se levantou completamente curado, diante de muitas testemunhas, o que emocionou a todos, principalmente ao agraciado, que, entre lágrimas de agradecimento, rendeu graças a Deus e a Santa Rita.

·17·
VIDA RELIGIOSA

Deus chamou Rita à vida religiosa num mosteiro, numa Ordem religiosa de votos solenes. Feitos os votos, só a Santa Sé pode dispensá-los. Em geral os mosteiros têm regras e costumes muito mais rigorosos que os conventos de votos não solenes ou "votos simples". No tempo de Rita reinava muita austeridade no seu mosteiro, penitências rigorosas estavam na ordem do dia. Nas orações e meditações se contemplava especialmente a sagrada paixão e morte de Nosso Senhor. Rita e suas companheiras do mosteiro de Santa Maria Madalena sabiam que estavam lá para serem santas e que o caminho da santidade era a observância dos votos. A força para isso ela conseguiu na oração, nas penitências e nas meditações sobre a sagrada Paixão. Ela conhecia a orientação e o exemplo da vida de São Paulo apóstolo, que castigava seu corpo com jejuns e outras penitências para ser semelhante a Cristo crucificado (1Cor 2,2 e 9,27).

O próprio mosteiro era pequeno e pobre, com poucas religiosas, mas rico em sua história e tradições. Ele havia sido um mosteiro masculino, onde viveram monges santos e afamados. Mesmo que não soubesse ler, Rita ouviu muitas vezes a regra de Santo Agostinho: "A lei suprema é a caridade. Em primeiro lugar amem a Deus, depois ao próximo. Tenham um só coração e uma só alma. Tudo passa, só a caridade permanece. Pesem tudo na balança da caridade: é ela que deve mover tudo".

A doutrina do santo bispo de Hipona foi mel na sopa de Rita, e ela sorveu tudo avidamente. Ao entrar para a vida religiosa o coração de Rita já era uma fornalha de amor. Daí em diante esse fogo só podia alastrar-se. Rita estava dentro do pensamento de Jesus, que veio trazer o fogo à terra e só tinha um desejo: vê-lo alastrar-se (Lc 12,49). Se pararmos um instante para pensar nisso, exclamaremos espantados: Meu Deus, como foi santa nossa querida Santa Rita! Verdadeira missionária, ela ajudou a espalhar no mundo o fogo do amor.

PEDIR COM PERSEVERANÇA

O segredo para alcançarmos graças e até milagres é a fé e a perseverança na oração. Dona Jacomúcia de Leonardo aprendeu o segredo e alcançou o que queria: a cura das suas pernas. Há dois anos que não andava: arrastava-se. Uma artrite aguda tomou conta dos seus joelhos e das juntas do pé, provocando-lhe dores terríveis quando precisava dar alguns passos. Tomava os remédios que lhe indicavam, mas nada adiantavam. Se hoje ainda é tão difícil curar essa doença, o que não seria naquele tempo?

Mas Jacomúcia escutou os milagres que aconteciam em Cássia naquele abençoado ano de 1457 e pediu aos parentes que a levassem para lá. Levaram-na de Ocone a Cássia, onde provavelmente Jacomúcia tinha parentes. Rezou o dia todo diante do corpo de Santa Rita. Voltou no dia seguinte e no outro também, com fé cada vez mais ardente. No oitavo dia recebeu a graça: cessaram as dores, as juntas desincharam e Jacomúcia recobrou a saúde e a alegria de viver.

·18·
A CHAGA NA TESTA

Nas procissões de Santa Rita, que se celebram em toda a parte, podemos ver dezenas de "Ritinhas", meninas de todos os tamanhos, até de colo, vestidas de Santa Rita, com a chaga pintada na testa. Tem-se a impressão de que a primeira coisa que lembram é que Santa Rita tinha aquela chaga.

São João Paulo II também não se esqueceu da chaga quando, no "Ano Ritiano", celebrado de 1981 a 1982 – seiscentos anos do nascimento de Santa Rita, escreveu ele: "Aquele sinal do espinho, além do sofrimento físico que lhe causava, foi como um selo dos sofrimentos interiores, mas foi, sobretudo, a prova da sua participação direta na paixão de Cristo, centrada naquele momento dramático em que Cristo, no pretório de Pilatos, foi coroado de espinhos" (São João Paulo II, Carta de 10/2/82).

As religiosas de Cássia, quando escreveram a vida de Rita para o processo de beatificação, relataram assim o fenômeno da chaga:

"Entregando-se totalmente à oração, ela se demorava voluntariamente e com muito gosto na contemplação da dolorosa Paixão do Senhor.

Aconteceu que Sexta-Feira Santa de 1442 Rita esteve na igreja, ouvindo a pregação do franciscano, beato Jácomo della Marca. Pregou ele com tanta unção que contagiou todos os ouvintes. Rita, comovida mais que todos, sentiu-se arrebatada por um fortíssimo desejo de participar, de algum modo, dos terríveis sofrimentos de Cristo.

Tendo voltado à sua cela, prostrou-se aos pés de um crucifixo, que hoje se conserva na capela do mosteiro, e, com lágrimas de amargura, começou a pedir a Cristo que lhe concedesse ao menos uma parcela das suas penas. No mesmo instante, num milagre singular, um espinho da coroa do Crucificado desprendeu-se e, como uma seta, atingiu a testa de Rita, causando-lhe uma feia, estranha e dolorosa ferida. Ao mesmo tempo, Rita sentiu, no coração, uma indizível alegria, que a levou a prolongado êxtase".

Naturalmente foi necessária a intervenção de algum confessor, para que a Superiora e as coirmãs ficassem sabendo que aquela ferida era algo de extraordinário que Deus concedera a Rita, fazendo dela uma "estigmatizada".

A ferida acompanhou-a até a morte anos depois. Duzentos anos após a morte de Rita, ainda se podia ver a chaga, que depois foi mumificada juntamente com o corpo (p. 67).

Vimos no início deste capítulo aquela consideração de São João Paulo II, dizendo que a chaga de Rita era a prova da sua participação direta na Paixão de Cristo. Outros autores que escrevem sobre "estigmas" são unânimes em afirmar que eles são frutos de muito amor e contemplação da sagrada paixão e morte de Jesus, bem como meditações sobre as dores de Maria.

Não faltam orações e cânticos para incentivar o cristão ao amor à cruz e à sagrada Paixão. Talvez Rita conhecesse esta oração encontrada em livros muito antigos: "Eu vos peço, dulcíssimo Senhor Jesus, que a vossa paixão seja a força que me robusteça, proteja e defenda; que vossas chagas sejam a comida e bebida que me alimentem, embriaguem e satisfaçam..."

Esta outra oração, chamada "Elogio da Cruz", também poderia ser conhecida no mosteiro de Cássia. O autor dela é São Paulino de Nola, falecido no ano 431:

"Ó Cruz, indizível amor de Deus e claridade do céu! Cruz, terror dos maus e sustento dos justos!

Ó Cruz, na qual um Deus feito homem foi nosso escravo na terra! Por ti o homem, no céu de Deus, converteu-se em rei; brotou a luz verdadeira, foi vencida a morte maldita.

Para os crentes derrubaste os templos pelas mãos das nações. Tu és o laço da paz que une o homem a Cristo, seu mediador.

Ó Cruz, escada pela qual o homem sobe ao céu, sê sempre para os teus fiéis a coluna e a âncora.

Sustenta nossa morada! Conduze nosso barco! Confirma nossa fé e prepara nossa coroa"[1].

Mais uma possibilidade, que é quase uma certeza: Santa Rita poderia ter conhecido o célebre hino a Nossa Senhora das Dores, o "Stabat Mater" do irmão franciscano Jacopone da Todi, falecido em 1306, que tem esta estrofe:

"Ó Santa Mãe, dai-me isto:
trazer as chagas de Cristo
gravadas no coração".

O QUE SÃO "ESTIGMAS"?

Primariamente são as Cinco Chagas de Cristo, que lhe foram causadas pelos cravos que vararam suas mãos e pés, e pelo golpe de lança com que o centurião romano transpassou seu coração.

Mas estigmas são também a reprodução das chagas de Cristo nos membros de alguns servos e servas de Deus. São graças extraordinárias que

---

[1] A. G. Haman, *Orações dos Primeiros Cristãos*, Ed. Paulinas.

Deus lhes concedeu para se tornarem mais semelhantes à imagem de Cristo crucificado.

Sabemos que São Francisco de Assis foi o primeiro estigmatizado, donde se ouve chamá-lo "São Francisco das Chagas".

No século passado, ouviu-se falar muito da querida Santa Gema Galgani, de Luca, na Itália, que morreu aos 25 anos, em 1903. Suas chagas se abriam semanalmente, das 20 horas da quinta-feira às 15 horas da sexta. Mas também falou-se de Teresa Neumann, a estigmatizada de Konnersreut, e de Frei Pio de Pietralcina, cujas chagas se fecharam antes da sua morte, em 1968.

Sabemos que as chagas dos diversos estigmatizados apareceram diferenciadas em cada um deles. A chaga de Santa Rita foi uma só, mas isso não significa que ela sofreu menos que os portadores de cinco chagas; o que cada um sofreu só Deus sabe... Durante os últimos quinze anos de vida, Rita participou intensamente da Paixão de Cristo, porque sua chaga, além de muito dolorosa, exalava mau cheiro insuportável. Diz um autor que, às vezes, a chaga era até tomada pelos vermes. Rita foi obrigada a afastar-se de suas colegas e a confinar-se na sua pobre cela. Apesar de tudo, Rita poderia dizer que sua cela era seu céu, porque ali Deus a enchia de consolações.

OS MUDOS FALARÃO

Chamava-se ela Cecca de Gio. Os documentos dizem que era muda de nascença, o que se entende surda-muda. Seus parentes atestaram isso. Cecca era natural de Biselli e de lá foi trazida para rezar junto ao corpo de Rita, em Cássia. Havia ali, reunidas, mais pessoas rezando o terço. De repente, várias pessoas pararam de rezar, olhando-se umas para as outras, com os rostos cheios de espanto. É que tinham ouvido Cecca rezar distintamente: "Ave, Maria, cheia de graça..." Foi viva a alegria de todos os que ali sabiam que Cecca era mais uma pessoa miraculada, para a glória de Deus e louvor de Santa Rita.

·19·
ROMARIA À CIDADE ETERNA

Ano Santo de 1450. O papa Nicolau V promulgou o Jubileu. Era preciso agradecer a Deus a unidade da Igreja, conquistada com muitas lutas. Levas e levas de romeiros começaram a chegar a Roma para lucrar as indulgências próprias dos Jubileus. Era tempo de perdão, de reconciliação e de muitas graças para os romeiros. Os jubileus, desde os tempos bíblicos, eram celebrados a cada cinquenta anos. Feliz de quem podia celebrá-lo, principalmente indo a Roma. Ainda hoje, quando as indulgências dos jubileus podem ser lucradas em qualquer parte do mundo, mediante algumas condições, multidões continuam indo a Roma para visitar a antiga igreja de São Pedro, ver o papa e tentar ganhar uma indulgência plenária, que significa o pleno perdão dos pecados e das penas merecidas. As monjas do mosteiro de Santa Maria Madalena, de Cássia, também se prepararam para a grande romaria a pé, certamente com mais pessoas da cidade. A superiora no entanto fez ver a Rita que ela não poderia seguir com as outras irmãs, por dupla razão: idade – 69 anos – e a dolorosa ferida na testa. Eram 140 quilômetros de cansativa caminhada. Cheia de tristeza, Rita retirou-se para sua cela e começou a rezar: "Meu Deus, se quiserdes podeis curar-me para que eu possa visitar o túmulo de São Pedro e ver o vosso representante, o papa Nicolau V. Quando regressar, quero a minha chaga de volta".

A Santa dos Impossíveis mais uma vez venceu, porque daquele momento em diante a chaga da testa começou a fechar rapidamente. Em poucos dias a comunidade toda pôde constatar que Rita estava curada e forte para fazer a caminhada com as outras monjas. Todas viram nisso a clara vontade de Deus. A Superiora retirou a proibição e Rita pôde seguir em romaria.

Apesar do cansaço e do desconforto de uma longa caminhada, Rita e suas companheiras chegaram sãs e salvas a Roma e cheias de consolações espirituais. Lá puderam encontrar-se com o "doce Cristo na terra", expressão com a qual Santa Catarina de Sena designava o Papa. Rezaram pela Igreja e visitaram o túmulo de São Pedro. Quanta alegria! Quanta consolação!

Rita já amava Roma, a capital do cristianismo, a nova Jerusalém; agora ela a conhecia. Em Roma era uma entre milhares, uma desconhecida. Mas um dia seu nome haveria de ressoar na Cidade

Eterna na boca dos papas: "Proclamamos Rita de Cássia "Bem-aventurada" – 1626; e também: "Proclamamos Rita de Cássia "Santa" – 1900.

Tendo voltado a Cássia, como ela esperava, sua chaga reapareceu, com as mesmas características horripilantes. Mas Rita, que nunca havia saído do seu território natal, tinha agora mais alguma coisa com que se distrair: as indeléveis impressões de Roma e do papa Nicolau V, que presidiu os festejos do Jubileu de 1450.

UMA PROCISSÃO DE AÇÃO DE GRAÇAS

O milagre foi a favor de outra pessoa muda. Chamava-se Matias de Cancro. Ele veio de Rocca de Núrcia, trazido por parentes a Cássia. Chegando junto à urna de Santa Rita, ficou ali rezando com outros peregrinos. De repente sentiu Matias que sua língua se soltara e ele falava normalmente para espanto geral. Como o ambiente ajudava, foi feita uma piedosa procissão de ação de graças, onde o povo pôde extravasar seus sentimentos de gratidão, pondo os fiéis a par dos acontecimentos e incentivando todos à devoção à Santa Rita de Cássia.

·20·
ROSA E FIGOS

No capítulo 3º desta pequena biografia de Santa Rita, falamos, de passagem, sobre um belo monumento esculpido em bronze por Roberto Maleci, em 1946, e colocado exatamente onde havia sido o jardim de Santa Rita, em Roccaporena. O artista esculpiu, em tamanho natural, Santa Rita deitada em seu colchão, com a cabeça bem levantada por travesseiros. Ela estende o braço direito para a outra escultura, de uma senhora alta e magra, que lhe oferece uma rosa. O fato ocorrido e documentado, relatamos neste capítulo.

Rita foi uma criatura muito forte. O clima da roça e o contato contínuo com a natureza fizeram dela uma pessoa para viver um século. O que realmente abreviou sua vida foram os sofrimentos morais e físicos. A respeito da sua chaga e da cicatriz que ficou no osso da testa, disse um médico que quem sofreu tal ferimento deve ter padecido muito.

Aos sessenta e dois anos, Rita ficou definitivamente de cama, numa longa enfermidade que durou quatro anos. Deus quis que ela provasse para nós sua paciência, para que pudéssemos imitá-la. Suas companheiras de convento puderam ver, em Rita, como se leva a cruz com elegância... Quem vinha consolá-la saía consolado e com a certeza de ter visitado uma santa.

Durante essa última enfermidade de Rita, Deus quis fazer-lhe uma delicadeza. Foi assim: Em pleno inverno, veio de Roccaporena visitar Rita uma velha parenta e amiga. Depois de conversar suficientemente e contar as novidades da terra, a boa senhora despediu-se dizendo: "Quer que lhe traga alguma coisa da nossa terra"? – "Oh! sim", respondeu-lhe Rita, "traga-me uma rosa e dois figos lá do meu quintal".

A visitante espantou-se, pensando consigo: "Minha amiga está delirando... Rosa e figos com este inverno?"

De volta a Roccaporena, aquela senhora, já esquecida do pedido de Rita, precisou, por qualquer razão, entrar no jardim e pomar que pertencera a Rita. Foi então que se lembrou da amiga doente, porque, entre assustada e maravilhada, viu uma bela rosa aberta e, perto, uma figueira de galhos cobertos de neve, mas com dois suculentos figos maduros. Colheu e correu de volta a Cássia, levar a Rita a sua encomenda. A doente se regalou com as frutas, enquanto a rosa, num vasinho com água, regalava os olhos dos visitantes saudosos da primavera...

Mas a parenta de Rita voltou para Roccaporena contando maravilhas da Santa do mosteiro de Cássia.

Aqui o leitor tem a principal razão por que ofertamos e benzemos rosas em louvor de Santa Rita.

• •

Os milagres que estamos apresentando desde o Capítulo 11 são do ano 1457, quando faleceu Santa Rita. Deus abriu as comportas da sua misericórdia para mostrar-nos que os santos e santas do céu são verdadeiros intercessores nossos. Somos chamados, como eles, a cantar as misericórdias infinitas de Deus, por toda a eternidade.

Como acontece com a descrição dos milagres de Jesus, os autores repetem, a cada milagre de Santa Rita, que "o povo ficou espantado e dava graças a Deus". Nem podia ser diferente, porque os milagres, como sinais de Deus, davam-se publicamente. Não havia, pois, como o povo não ficar espantado...

Assim, mais uma vez haverá espanto geral entre os romeiros e devotos que rezavam junto ao corpo de Santa Rita. Estava ali já há dois dias, rezando, o Sr. Cecco D'Antônio, que viera de Cipriano buscar uma graça de Santa Rita, porque ele era mudo desde o nascimento.

No segundo dia da sua romaria, Cecco sentiu sua língua desatar-se e ele pôde rezar e cantar com os outros romeiros que vieram a Cássia naquele início do culto a Santa Rita.

• •

•21•
INGRESSO NO PALÁCIO DO REI

Uma antiga antífona da festa de Santa Cecília, mártir romana, dizia: "Ao som de órgãos, Cecília cantava ao Senhor: Seja o meu coração imaculado, para que eu não seja envergonhada".

De Santa Rita diremos: "Ao som dos sinos, Rita entregou sua bela alma a Deus e, ao som dos coros angélicos, penetrou no palácio do Rei".

O próprio Cristo e a Virgem Maria vieram receber em seus braços aquela que fora na terra um sacrário vivo do Espírito Santo e um vaso de ouro, de onde subia a Deus o suave perfume das virtudes e orações.

Era o dia 22 de maio de 1447, Rita tinha 66 anos. Vamos chamar aquele dia de "a primeira festa de Santa Rita". Majestosa como uma princesa real, Rita ingressou no castelo do Rei (Sl 44). Essa entrada solene ressoou também em toda Cássia, onde seus habitantes escutaram maravilhados os sinos do mosteiro anunciando a partida de Rita. Não dobravam o som plangente dos mortos, mas repicavam alegres como nos dias de festa.

Nos corações ressoava uma certeza: morreu uma Santa! Todos acorreram pressurosos ao convento de Santa Maria Madalena e lá encontraram as monjas admiradas, perguntando: "Quem tocou os sinos? Quem tocou os sinos?" E ninguém respondia porque não foram mãos humanas que os haviam tocado. Todos então tiveram uma certeza: os anjos de Deus anunciaram alegremente a entrada triunfal de Rita na Casa do Pai, onde cada cidadão é um rei ou rainha ("Tot cives quot reges", Sto. Agostinho).

Dali em diante aqueles sinos deveriam repercutir no mundo inteiro, repetindo o nome de Santa Rita. E o nome passou a ser sinal de esperança para todos os aflitos, pois a cada dia aumentava o número daqueles que testemunhavam graças e mais graças recebidas pela intercessão da Santa. Nos corações brotou uma certeza: Deus abriu seus tesouros e colocou-os nas mãos de Rita, para que ela pudesse ajudar todos os seus devotos.

Dizem que, quando Rita deu o último suspiro, sua cela ficou resplandecente como se fosse a morada do sol. Sendo essa passagem verdadeira, terá sido um raio, apenas, da luz eterna que cerca os santos do céu. Aliás, "o passamento dos santos foi sempre envolto numa atmosfera sobrenatural" (Salotti, o.c.).

A MOÇA DE CASTELO

O nome da moça: Lúcia dos Santos. Castelo é nome de cidade: Castelo de Santa Maria. Mas, mesmo que morasse num castelo de verdade, ela não seria feliz, pois era cega. Aliás, enxergava um pouquinho de nada com um olho, o outro era cego mesmo. Mas mesmo aquele pouquinho que lhe sobrava, estava desaparecendo... O problema vinha se arrastando há quinze anos, quando ela pediu para ser levada a Cássia.

Lá passou quinze dias em oração, em renovada esperança de receber o milagre. E este aconteceu. Lúcia recuperou sucessivamente a luz dos dois olhos. Agora, sim, merecia chamar-se "Lúcia", a brilhante, aquela que reluz...

·22·
UM CORPO INCORRUPTO

O fato de um corpo humano não se desfazer na terra pode ser indício de santidade, mas só indício. Ninguém, pois, é declarado santo só porque seu corpo não se desfez. O papa Bento XIV deu as seguintes regras: – O fenômeno não poderá ter uma explicação natural, como, por exemplo, a qualidade da terra? – O corpo incorrupto ficou assim por muito tempo? – O fenômeno serviu para a conversão e santificação de alguém? – Curou alguém?

Não perguntemos por que alguns corpos permanecem incorruptos. Foram simplesmente graças extraordinárias que Deus concedeu a alguns dos seus servos e servas. Os que foram assim agraciados não eram, necessariamente, mais santos que os outros.

Passou pela cabeça de alguém perguntar a Santa Teresinha do Menino Jesus, no Carmelo de Lisieux, se seu corpo ficaria incorrupto na sepultura. "Oh! Não", respondeu a Santinha. "Que ideia é essa?!" Realmente não consta isso, apesar da pureza daquele anjo de Lisieux.

Talvez a pergunta tenha sido ocasionada pelo fato de Teresinha ter copiado em si a imagem da grande Santa Teresa de Ávila, que teve seu corpo incorrupto e perfumado, como falaremos no capítulo seguinte.

Muito nos alegra saber que Deus concedeu à gloriosa Santa Rita a graça de ter seu corpo incorrupto, por muitos e muitos anos. E nós agradecemos a Deus, dizendo: "Nós vos damos graças, Senhor, porque não permitistes que o corpo de vossa serva Rita experimentasse a corrupção".

Quando descobriram isso? – Foi em 1457, quando, por ordem do bispo de Spoleto, a urna de Santa Rita foi aberta para o reconhecimento oficial dos seus restos mortais. Dez anos já haviam passado. O corpo estava intacto e perfumado. Grande foi a alegria dos que puderam ver o fenômeno, que foi acompanhado de muitos milagres. Explodiu, então, a devoção a Rita, que já era chamada de "santa". Terminado o reconhecimento do corpo, os encarregados não quiseram tocar nele, de medo de quebrar-se. Por isso mandaram fazer uma urna maior e mais rica e nela colocaram a urna primitiva.

Hoje, o corpo de Santa Rita, restaurado e mumificado, repousa em preciosa urna de cristal, na sua majestosa Basílica de Cássia, onde é visitado diariamente por turistas religiosos.

O MENINO DA PEDRA NA BEXIGA

Pedra nos rins, na vesícula ou na bexiga é doença comum, que hoje se trata e, se não der resultado, opera-se. Mas no século XV não se operavam os órgãos internos.

Aos dois de junho de 1457, Mateus do Rei, residente em Ocone, trouxe a Cássia seu filho Bernardo, portador de uma grande pedra na bexiga. As dores eram terríveis e os remédios nada adiantavam. O pai, sofrendo no coração o que o filho sofria no corpo, cheio de esperança consagrou-o a Santa Rita.

Terminadas as orações, Deus o atendeu. Com indizível alegria pai e filho se abraçaram e caíram de joelhos chorando e agradecendo a Deus que colocou Rita ao alcance dos seus sofrimentos.

·23·
FRAGRÂNCIA DO PARAÍSO

"**S**omos o bom odor de Cristo" (2Cor 2,15). O apóstolo Paulo quis dizer, com isso, que o cristão, à semelhança de uma pessoa perfumada, deve revelar o perfume de cristão aos que se aproximam dele. As virtudes cristãs são como as flores perfumadas que exalam seu odor pelo ar, arrastado pelo vento. Comumente se compara a violeta com a humildade, a pureza com o lírio, a rosa com o amor.

Os santos, na sua imensa humildade, quiseram esconder-se como a violeta, mas o perfume de suas virtudes os fez conhecidos e admirados por todos.

Isso aconteceu também a Rita de Cássia. Desconhecida do resto do mundo, na pequena Roccaporena, encerrada no mosteiro de Cássia ou oculta na sua cela de monja, Rita foi o "bom odor de Cristo", perfume que foi sentido no mundo inteiro.

Mas aqui queremos falar do odor de santidade que se sente pelo olfato e que alguns santos e santas exalaram principalmente na morte. Dos seus corpos ou sepultura emanava um perfume misterioso e tão agradável, que foi tomado como sinal claro de santidade. Aplicam-se aqui os mesmos critérios indicados por Bento XIV, que apresentamos no capítulo anterior.

Sabemos que da chaga de Santa Rita exalava um cheiro insuportável, que a obrigou a isolar-se do resto da comunidade. Mas foi só nossa Santa fechar os olhos para este mundo que as coisas se transformaram. Sua chaga passou a ser um frasco do mais delicioso perfume! Era uma fragrância do Paraíso! Todos perguntavam donde vinha aquele perfume delicioso que inundava o mosteiro e arredores. Descobriram logo: vinha da testa de Santa Rita! A chaga não parecia mais uma coisa asquerosa, mas transformou-se no mais puro e brilhante rubi!

Felizes os que puderam se embriagar com aquele perfume celeste! Em 1628, mais de século e meio após a morte de Rita, ainda se sentia suavíssimo perfume que brotava daquele corpo incorrupto.

Das chagas de São Francisco também exalava, às vezes, delicioso perfume. E de Santa Teresa de Ávila se conta que, quando abriram sua sepultura, anos depois, seu corpo estava tão perfeito como se ela tivesse acabado de falecer. E da sepultura brotava um perfume incomparável, maravilhoso, que impregnou as pessoas ali presentes. Horas depois, algumas pessoas ali tiveram de viajar, e, no caminho, perguntaram a elas que espécie de perfume tão bom estavam usando...

O perfume das flores atrai as abelhas que as fertilizam e fazem transformar-se em frutos. Há também os que se perfumam para atrair admiradores. Que a fragrância divina de Santa Rita também atraia muitos admiradores das suas virtudes, que se transformem de admiradores em praticantes e imitadores dela.

PÃO DE SANTA RITA

Desde que Jesus multiplicou pães e peixes no deserto, santos e santas multiplicam sua caridade fraterna e, do céu, multiplicam graças em favor dos seus devotos.

As monjas de Cássia costumavam preparar pãezinhos, que distribuíam aos pobres a cada 22 de maio. Muitos doentes que comeram daqueles pães ficaram curados das mais diversas doenças.

·24·
A CAMINHO DO ALTAR

A revelação da santidade de Rita começou cedo. Suas companheiras de mosteiro sabiam das virtudes e graças extraordinárias que Deus concedia à Santa. Sabiam que aquele convento hospedava uma Santa. Mais tarde, outras monjas, recolhendo com todo o cuidado as tradições do tempo de Rita, testemunharam que Deus recompensou largamente as penitências da Santa, não só com consolações e doçuras espirituais, mas até com visitas de anjos.

Deus quis revelar, com isso, que qualquer enfermo pode espantar desespero e solidão, entretendo-se com ele na oração. Onde Deus está, não pode haver solidão.

O próprio filho de Deus sentiu necessidade de consolo na agonia do Getsêmani, e o Pai enviou-lhe um anjo para confortá-lo (Lc 22,43). O mesmo quis Deus fazer em favor de sua filha sofredora, permitindo-lhe a presença dos seus anjos, que não só a consolaram como receberam suas orações que subiam ao céu como nuvem de agradável incenso.

Mas o processo de beatificação de Rita só chegou ao fim em 1626, 179 anos após sua morte. Coube ao papa Urbano VIII colocar o nome de Rita no livro dos "Bem-Aventurados". Esse acontecimento histórico se deu no dia 16 de julho de 1628, embora os Bolandistas queiram que tenha sido no dia 11 de outubro de 1627.

O processo de canonização ou colocação do seu nome no livro dos "Santos" demorou muito mais ainda: 453 anos após sua morte, 272 anos depois da beatificação.

Três milagres aconteceram antes da canonização. Primeiro foi a cura instantânea de uma menina, Elisabet Bergamini, de sete anos; depois, a cura de um senhor de setenta anos, chamado Cosme Pellegrini, que, prostrado por gravíssima doença, viu em sonhos Santa Rita e sarou; o terceiro milagre aconteceu com uma religiosa, Clara Isabel Garófalo, monja do próprio mosteiro de Santa Maria Madalena, de Cássia. Estando ela acamada há quatro anos, sarou repentinamente ao ouvir Santa Rita que lhe dizia: "Levante-se!"

Aprovados esses três milagres, a canonização de Rita aconteceu, com muita festa, na Basílica de São Pedro, em Roma, no dia 24 de maio de 1900. Deus reservou ao grande papa Leão XIII o prazer de declará-la santa.

A demora nos processos de beatificação e canonização é, em grande parte, culpa da burocracia que existe em toda a parte. A falta de recursos financeiros também ajuda a demorar. Talvez um perito poderia explicar melhor essa demora na canonização de Rita.

Mas, como informação, aqui vão alguns exemplos de rapidez na canonização:

- Santo Antônio de Pádua ou Lisboa foi canonizado em 1282, apenas um ano depois da sua morte.

- Santa Teresinha do Menino Jesus foi declarada santa 28 anos após a morte, quando ainda vivia muita gente que a havia conhecido.

- A outra Teresa, a de Ávila, era declarada santa 40 anos depois da sua santa morte.

- Santa Maria Goretti, mártir, assassinada em 1902, foi canonizada por Pio XII em 1950, quando sua mãe, a "mamma Assunta", não só vivia como assistiu à canonização da filha.

- São João Paulo II, falecido em 2005, foi proclamado beato em 2011 e em 2014 foi declarado santo.

ÓLEO DE SANTA RITA

Lembro-me de que antigamente havia quatro candelabros com lâmpadas a óleo, suspensos do teto do presbitério da antiga Basílica de Nossa Senhora Aparecida, em Aparecida-SP. Muitos romeiros vinham implorar um pouco daquele óleo, porque acreditavam na sua eficácia contra doenças e dores no corpo.

Assim já era também em Cássia. O povo vinha pedir no mosteiro ao menos umas gotas de óleo de uma lâmpada que ficava sempre acesa sobre a urna de Santa Rita. Aquele óleo foi causa de muitas graças de curas e alívio nas dores.

·25·
SANTA RITA DOS NOSSOS DIAS

O que a vida de Santa Rita tem a dizer ao mundo de hoje?

Apesar de tantos fatos extraordinários ocorridos na vida de Santa Rita, não foram eles que a santificaram. "Rita se santificou pela admirável normalidade de sua existência cotidiana, como esposa e mãe, depois como viúva e por fim como monja agostiniana" (São João Paulo II, Carta de 10/2/82). Era assim que São João Paulo II entendia a santidade de Rita.

- Que meios ela nos indica para também alcançarmos a santidade?

- Podemos resumir nestes pontos a mensagem da vida e exemplos que ela nos deixou:

- Temos muita necessidade da mortificação, que consiste em não nos preocuparmos com nosso corpo, nem termos com ele nenhuma compaixão.

- Precisamos muito da oração: entreguemo-nos sem cessar a este exercício.

- É necessário meditar nos sofrimentos de Nosso Senhor, principalmente na sua paixão e morte.
- A resignação e a paciência nos sofrimentos nos tornam agradáveis ao Senhor.
- Amar a Deus e ao próximo, sofrer por Deus e pelo próximo: Não foi isso que fizeram todos os santos?
- Trabalhemos pelo perdão e pela paz.

A estatura moral de Rita agigantou-se aos nossos olhos quando lemos sobre as grandes tragédias que se abateram sobre a sua vida: o assassinato do marido e a morte dos filhos. Quanto aos filhos, preferiu vê-los mortos a vê-los criminosos numa vingança do sangue do pai. Rita pregou com sua vida aquilo que hoje é tão proclamado: "Só o amor constrói". Ela ajudou a espalhar a paz pelo mundo; por isso mereceu que Deus a inundasse com sua paz.

Na pessoa de Rita, a Igreja quer agradecer a todas as mães sofredoras. São elas – e quantas! – que espalham pelo mundo a devoção à Santa e a tornam, talvez, a mais popular das santas. Que Deus abençoe todas as mães, porque elas, quando ganharam um filho, ganharam uma cruz também.

O rico caminho de santidade de Rita ainda nos faz concluir que são muitos os que se compadecem de Cristo coroado de espinhos, mas poucos os que aceitariam um daqueles espinhos na própria cabeça.

São muitos os que possuem na parede de suas casas um belo crucifixo; são poucos os que se esforçam por esculpir a imagem de Cristo em seus corações.

São muitos os que seguem a procissão do Senhor morto, mas poucos os que seguem os passos do Senhor vivo.

São muitos os que dizem: "Senhor, eu vos amo", mas poucos os que de fato observam os seus mandamentos. Entre os "muitos" podemos estar nós. Entre os "poucos", certamente está Santa Rita. Mas agora, com sua ajuda, não a deixaremos só.

RELÍQUIAS

Desde os mais remotos tempos, o povo disputou a posse de ao menos um pedacinho das roupas dos santos e santas. Não foi diferente com as relíquias de Santa Rita.

Véus que ela usava na cabeça e outros panos que tocaram seu corpo eram procurados pelo povo, porque todos acreditavam na sua eficácia nas doenças e proteção nos perigos.

As relíquias são muito boas, não como talismãs milagrosos, mas como sinais que nos ligam aos santos e santas, numa verdadeira devoção.

NOVENA PERPÉTUA A SANTA RITA

1. CANTO

Por nós rogai
Ao bom Jesus.
A nós salvai
Por sua cruz.

Por nós velai,
Santa querida,
Nos abençoai
Por toda a vida.

Ó Santa Rita dos casos quase impossíveis! (bis)

2. OFERECIMENTO

Santa bondosa,/ eu vos ofereço esta novena/ por intenção dos doentes,/ dos aflitos e atribulados,/ dos pobres pecadores,/ pelos sacerdotes,/ missionários,/ pelas vocações sacerdotais e religiosas/ e por minhas intenções particulares./ Dignai-vos atender-me bondosamente./ Amém.

3. INVOCAÇÃO

Ó Santa Rita,/ modelo das virtudes cristãs,/ intercessora poderosa dos casos impossíveis,/ de todo o coração me dirijo a vós./ Rogai por nós!

Ó Santa Rita,/ verdadeira mártir de Cristo,/ alcançai-me de Jesus/ a paciência nas tribulações da vida./ Rogai por nós!

Ó Santa Rita,/ fazei-me verdadeiro discípulo de Cristo/ por meu amor às almas,/ apego à santa Igreja/ e fidelidade aos princípios do Evangelho./ Rogai por nós!

4. ORAÇÃO

Ó poderosa Santa Rita,/ advogada em toda a causa urgente,/ escutai benignamente/ as súplicas de um coração angustiado/ e dignai-vos alcançar-me a graça de que tanto necessito. *(Pai-Nosso, Ave-Maria e Glória ao Pai.)*

5. CANTO A NOSSA SENHORA

6. ORAÇÃO PELAS VOCAÇÕES

Senhor Jesus Cristo,/ foi com muito amor/ e depois de muita oração/ que escolhestes e chamastes os Apóstolos/ para vos servirem em vossa Igreja./ Também eu,/ com muito amor e insistência,/ faço-vos esta oração:/ chamai muitos jovens,/ rapazes e moças,/ para o serviço de vossa Igreja./ Distribuí com generosidade entre a juventude/ a graça da vocação sacerdotal,/ religiosa e missionária./ Mostrai também a mim/ qual o caminho de vida que devo seguir/ e que ministério devo assumir/ para melhor servir ao povo de Deus./ Senhor:/ podeis confiar em mim/ e eu também confio em vós./ Amém.

7. *DIRIGENTE:* Enviai, Senhor, operários à vossa messe,
Todos: **pois a messe é grande/ e poucos os operários.**

8. BÊNÇÃO DAS ROSAS

Sacerdote: Nosso auxílio está no nome do Senhor
Todos: **que fez o céu e a terra.**
Sacerdote: O Senhor esteja convosco!
Todos: **Ele está no meio de nós.**
Sacerdote: Ó Deus, criador e conservador do gênero humano, supremo doador das graças espirituais, que concedeis generoso a salvação: dai a vossa bênção a estas rosas, que nós, os devotos de Santa Rita, apresentamo-vos, pedindo que as abençoeis. Por elas sejam curadas todas as enfermidades das pessoas que as usarem, trouxerem consigo, conservarem em casa ou em qualquer lugar, e devotamente as guardarem. Por nosso Senhor Jesus Cristo, na unidade do Espírito Santo. Amém.

9. BÊNÇÃO DOS DOENTES

Curai, Redentor nosso, pela graça do Espírito Santo, os sofrimentos de todos os enfermos. Expulsai, para longe deles, todos os sofrimentos espirituais e corporais. Concedei-lhes plena saúde de alma e de corpo, a fim de que, restabelecidos pela vossa misericórdia, possam retomar as suas atividades. Por Cristo, nosso Senhor. Amém.

10. HINO A SANTA RITA

Estribilho
Santa Rita, da glória celeste,
Teus devotos a Cristo conduz
De mil graças, de fé nos reveste,
atraindo-nos junto a Jesus.

1. Salve, ó Santa Rita, fiel padroeira!
Salve, salve, e da glória sem véu
Sê nossa guia segura e certeira
Para Deus, para a pátria do céu.

2. Ó modelo de filha, de esposa
E do claustro invejável esplendor,
Em teus passos nossa alma ditosa
Possa encher-se de graça e de amor.

3. Ah! protege as humildes ovelhas
conduzindo-as de Cristo ao redil.
E de amor as mais vivas centelhas
Vem, por Deus, expandir no Brasil.

ORAÇÕES EXISTENTES NO TEMPO DE SANTA RITA

Trazemos aqui algumas orações muito antigas, que poderão ter sido rezadas no tempo de Santa Rita.

1. ORAÇÃO À SAGRADA PAIXÃO
(autor desconhecido)

Meu Senhor Jesus Cristo, eu vos suplico que a vossa Paixão seja a força que me robusteça, proteja e defenda;

vossas chagas sejam a comida e bebida que matem minha fome, minha sede, e eu me satisfaça;

que o vosso sangue caia sobre mim como um banho que me lave de todos os meus pecados;

vossa morte seja para mim a vida que não se acaba;

que a vossa cruz seja minha glória eterna.

Que em tudo isso eu encontre refeição, alegria, saúde e doçura para o meu coração: Vós que viveis e reinais para sempre. Amém.

2. SALVE, MARIA, MÃE DE DEUS
(de S. Cirilo de Alexandria, Doutor da Igreja; rezada em 431, em Éfeso)

Salve, Maria, Mãe de Deus, alegria dos anjos, júbilo dos arcanjos que te glorificam no céu!

Salve, Maria, Mãe de Deus, por ti adoraram a Cristo os Magos, guiados pela estrela do Oriente!

Salve, Maria, Mãe de Deus, honra dos Apóstolos!

Salve, Maria, Mãe de Deus, por quem João Batista, ainda no seio de sua mãe, exultou de alegria, adorando como luzeiro a perene luz!

Salve, Maria, Mãe de Deus, que trouxeste ao mundo a graça inefável, da qual diz São Paulo: "Apareceu a todos os homens a graça de Deus Salvador".

Salve, Maria, Mãe de Deus, que fizeste brilhar no mundo Aquele que é a luz verdadeira, nosso Senhor Jesus Cristo, que diz em seu evangelho: "Eu sou a luz do mundo".

Salve, Maria, Mãe de Deus, por quem se apregoa nos Evangelhos: "Bendito o que vem em nome do Senhor", por quem se encheram as igrejas de nossas cidades, campos e vilas!

Salve, Maria, Mãe de Deus, por quem veio ao mundo o vencedor da morte e o destruidor do inferno!

Salve, Maria, Mãe de Deus, por quem veio ao mundo o autor da criação e o restaurador das criaturas: o Rei dos Céus!

Salve, Maria, por quem floresceu e refulgiu o brilho da ressurreição!

Salve, Maria, Mãe de Deus, por quem luziu o sublime batismo de santidade no Jordão!

Salve, Maria, Mãe de Deus, por quem o Jordão e o Batista foram santificados e o demônio foi destronado!

Salve, Maria, Mãe de Deus, por quem é salvo todo o espírito fiel!

3. LOUVOR A MARIA
(Concílio de Éfeso, 431)

Nós vos saudamos, Maria, Mãe de Deus, venerável tesouro do universo, luz que jamais se apaga, templo jamais destruído, que contém Aquele que nada pode conter.

Mãe e virgem, por vós a Trindade é santificada,

por vós a cruz é venerada,
por vós o céu se enche de alegria,
por vós os anjos e arcanjos rejubilam,
por vós o tentador foi precipitado do céu,

por vós a criatura tombada foi elevada ao céu,
por vós o santo batismo vem aos que creem,
por vós o óleo da alegria,
por vós os povos são levados à conversão.

4. Ó BELEZA SEMPRE ANTIGA E SEMPRE NOVA
(Santo Agostinho, 354-430)

Ó Beleza sempre antiga e sempre nova, tarde demais eu amei! No entanto, tu estavas dentro e fora de mim, mas eu só te procurava fora; eu me lançava sobre as belezas criadas, que, fora de ti, nada seriam.

Tu estavas comigo, mas eu não estava contigo, porque aquelas criaturas me haviam afastado de ti, elas que, enquanto fora de ti, seriam sem beleza.

Desfaleci atrás de ti. Experimentei tua doçura. Tu me tocaste e eu ardi no desejo de tua paz.

Quando eu estiver ligado a ti, com todo o meu ser, não haverá mais, para mim, nem dor nem pena, e vivente será minha vida, toda cheia de ti.

5. O CÂNTICO DAS CRIATURAS
(São Francisco de Assis, 1182-1226)

Altíssimo, onipotente e bom Senhor:
A vós os louvores, a glória, a honra e toda a bênção!
A vós somente, Deus supremo, eles convêm.
E nenhum homem é digno de pronunciar vosso Nome.

Louvado sejais vós, meu Senhor,
com todas as vossas criaturas,
e especialmente nosso irmão Monsenhor Sol,
o qual nos dá o dia e por quem nos iluminais!
Ele é belo e radiante e seu esplendor
nos revela vosso poder infinito.

Louvado sejais vós, meu Senhor,
por nossas irmãs a Lua e as Estrelas!
No céu vós as criastes luminosas,
preciosas e esplêndidas.

Louvado sejais vós, meu Senhor,
pelo nosso irmão o vento, pelo ar, as nuvens,
o céu puro
e todos os tempos!
Por eles sustentais as criaturas.

Louvado sejais vós, meu Senhor,
pela nossa irmã a Água,
que é tão útil, tão humilde,
tão preciosa, tão pura!

Bendito sejais vós, meu Senhor,
pelo nosso irmão fogo,
pelo qual iluminais a noite!
Ele é tão belo, tão alegre, tão vigoroso
e tão forte!

Louvado sejais vós, meu Senhor,
pela nossa irmã maternal a Terra,
que nos sustenta e alimenta,
rica de tantos frutos, de flores coloridas e
de plantas!

Louvado sejais vós, meu Senhor,
por todos aqueles que perdoam
por causa do vosso amor
e que suportam injustiça e tribulação!
Bem-aventurados os que perseveram na paz,
pois vós, Altíssimo, os coroais!

Louvado sejais vós, meu Senhor,
pela nossa irmã a morte corporal,
da qual nenhum homem pode escapar!
Infelizes somente são aqueles que morrem
em pecado mortal.
Mas felizes aqueles
que cumpriram vossa santa vontade,
pois eternamente eles viverão convosco!

Louvai, bendizei e agradecei meu Senhor
e servi-o em grande humildade!

6. AÇÃO DE GRAÇAS DE SÃO BOAVENTURA
(Doutor da Igreja, 1218-1274)

Transpassai, Senhor Jesus, a minha alma
com a suave chaga do vosso amor,
para que ela se entregue toda
ao amor e desejo vosso.
Que eu vos procure em vossos altares
e deseje morrer para estar convosco.
Fazei que minh'alma tenha fome de vós,
pão dos anjos, refeição das almas santas,
pão nosso de cada dia, infinitamente substancioso
e rico de suave sabor.
Vós, que os anjos anseiam contemplar,
sede sempre o alimento do meu coração.
Que a doçura do vosso sabor satisfaça os desejos de minha alma.
Que eu tenha sempre sede de vós,
ó fonte da vida,
fonte de sabedoria e ciência,
fonte da luz eterna,
fonte da felicidade e da riqueza
da casa de Deus.
Que eu vos deseje, procure e encontre
e tudo faça para louvor e glória do vosso nome!
Senhor, sede sempre a minha esperança,
minha riqueza e alegria,

meu prazer e descanso,
minha paz e suavidade,
minha refeição e meu refúgio,
minha herança e meu tesouro, onde eu me apoie com todas as forças da minha inteligência e do meu coração. Amém.

7. ORAÇÃO DE SANTO TOMÁS DE AQUINO
(Doutor da Igreja, 1225-1274)

Senhor, que eu chegue até vós
por um caminho reto e seguro, para que não me desvie na prosperidade ou na adversidade.
Nas horas felizes, que eu vos agradeça,
nas tristes, que eu tenha paciência; na felicidade, não me exalte, na tristeza, não desanime.
Nada me alegre, senão o que me leva a vós; nada me entristeça, senão o que vos desagrada.
Que eu despreze, por vossa causa, tudo o que passa;
que eu dê valor a tudo o que vos diz respeito, sobretudo e acima de tudo a vós, meu Deus!
Qualquer alegria que envolva pecado
seja para mim aborrecimento.
Que o trabalho convosco seja agradável,
e, sem vós, insuportável.
Dai-me a graça de erguer a vós o meu coração e de reconhecer meu erro quando cair.
Tornai-me, Senhor, obediente, pobre e casto.

Tornai-me paciente, sem reclamação;
humilde sem fingimento; alegre sem exageros;
prudente sem covardia;
reservado sem rigidez;
ativo sem leviandade;
cheio de temor de Deus, sem desespero;
sincero sem aspereza.
Que eu faça o bem, sem presunção,
corrija o próximo, sem orgulho,
edifique meu irmão, sem falsidade.
Dai-me um coração vigilante:
que nada o leve para longe de vós;
um coração nobre: que a afeição não o enfraqueça;
um coração reto: que a má intenção não o desvie;
um coração firme: que a desgraça não o abale;
um coração livre: que a paixão não o escravize.
Dai-me, Senhor, uma inteligência que vos conheça,
uma angústia que vos procure,
uma sabedoria que vos encontre,
uma vida que vos agrade,
uma perseverança que me salve,
uma confiança que vos possua enfim.
Por Cristo, nosso Senhor. Amém.

8. ORAÇÃO DE SANTO AGOSTINHO

"Ó Deus, que não sois amado pelo conhecido
e pelo desconhecido e por tudo o que é capaz de amar;
Deus, por quem todas as coisas existem,
que recebestes a maldade das vossas criaturas;
vós que sois isento da maldade e do erro,
mas fostes vítima dos erros e da maldade dos homens;
Deus, para quem o abandonar é o mesmo que perecer,
para quem o perdoar é o mesmo que amar,
para quem o ver é o mesmo que possuir;
Deus, centro da nossa fé, que nos governa,
e da esperança
e caridade que nos unem;
Deus, que nos dais o triunfo sobre os nossos inimigos:
eu invoco o vosso nome,
a vós dirijo as minhas preces."

LOUVORES E SÚPLICAS A SANTA RITA

Senhor, tende piedade de nós.
Jesus Cristo, tende piedade de nós.
Senhor, tende piedade de nós.
Deus Pai dos céus, tende piedade de nós.
Deus Filho, Redentor do mundo,
Deus, Espírito Santo,
Santíssima Trindade que sois um só Deus,
Maria Imaculada, rogai por nós.
Maria, Mãe e conforto dos atribulados,
Maria, protetora amorosa de Santa Rita,
Santa Rita, advogada e protetora nossa,
Santa Rita, predestinada por Deus,
Santa Rita, dom escolhido do céu,
Santa Rita, anunciada pelo anjo,
Santa Rita, admirável na infância,
Santa Rita, amante da solidão,
Santa Rita, modelo de pureza,
Santa Rita, exemplo de amabilidade,
Santa Rita, espelho de obediência,
Santa Rita, modelo de donzelas,
Santa Rita, exemplar de esposas e mães,

Santa Rita, viúva santa,
Santa Rita, invicta na paciência,
Santa Rita, admirável na fortaleza,
Santa Rita, heroica no sacrifício,
Santa Rita, generosa no perdão,
Santa Rita, mártir da penitência,
Santa Rita, compassiva com os pobres,
Santa Rita, pronta ao divino chamado,
Santa Rita, levada prodigiosamente ao claustro,
Santa Rita, espelho de vida religiosa,
Santa Rita, milagre de mortificação,
Santa Rita, ramalhete de fragrante mirra,
Santa Rita, vergel escolhido de todas as virtudes,
Santa Rita, enamorada da Paixão de Cristo,
Santa Rita, ferida pelo sagrado espinho,
Santa Rita, amante filha de Maria Santíssima,
Santa Rita, recebida com festas no céu,
Santa Rita, margarida do paraíso,
Santa Rita, enriquecida de sublime glória,
Santa Rita, pérola preciosa da Úmbria,
Santa Rita, astro benéfico dos transviados,
Santa Rita, seguro conforto dos atribulados,
Santa Rita, saúde dos doentes,
Santa Rita, advogada dos impossíveis,
Santa Rita, luz da Igreja,
Santa Rita, nossa constante intercessora,
Santa Rita, modelo de confiança nas súplicas,

Santa Rita, poderosa para alcançar tudo de Jesus Crucificado.

Cordeiro de Deus, que tirais o pecado do mundo, perdoai-nos, Senhor.

Cordeiro de Deus, que tirais o pecado do mundo, ouvi-nos, Senhor.

Cordeiro de Deus, que tirais o pecado do mundo, tende piedade de nós.

ORAÇÃO

Ó Deus, que vos dignastes conferir à Bem-aventurada Rita tamanha graça, que, havendo-vos ela imitado no amor dos seus inimigos, trouxesse no coração e na fronte os sinais de vossa caridade e sofrimento, concedei-nos, nós vos suplicamos, que pela sua intercessão e merecimentos amemos os nossos inimigos e, com o espinho da compunção, perenemente, contemplemos as dores de vossa paixão e assim mereçamos o prêmio por vós prometido aos que choram e têm manso o coração. Vós que viveis e reinais nos séculos dos séculos. Amém.

BIBLIOGRAFIA

Arns, Paulo Evaristo, Cardeal: *Santos e Heróis do Povo,* Ed. Vozes.

Betting, Pe. João Ev., C.Ss.R.: *Teologia das Realidades Celestes,* Ed. Particular.

Giovetti, Paola: *Santa Rita de Cássia,* Ed. Paulinas.

Pequenos Bolandistas.

Salotti, Carlo Card.: *Profili di Santi Apostoli Eroi,* Ed. Salesiana, Pisa, 1944.

Sgabozza e Giovanini, *Um Santo para cada Dia*, Ed. Paulinas.

Silveira, Fr. Ildefonso, OFM: *A Vida dos Santos na Liturgia.*

Tanquerey: *Compêndio de Teologia. Ascética e Mística,* Ap. Boa Imprensa, p. 727.

ÍNDICE

Prefácio 5

1. A Rosa de Cássia..................................7

2. A cidade-simpatia.................................9

3. Roccaporena 11

4. A Querida Santa
   dos Impossíveis 13

5. A roceirinha de Roccaporena
   e o Milagre das Abelhas...................... 16

6. O gosto pelas coisas
   de Deus 19

7. Aliança nas mãos direita
   e esquerda.. 22

8. Que marido, credo! 24

9. Os dois filhos..................................... 26

10. Um homem assassinado 28

11. Reconstrução
    pelo perdão 31

12. A perda dos filhos............................. 34

13. Um monte de santos........................... 37

14. Vistes, acaso, Aquele
    que meu coração ama? 40

15. Rita no convento................................ 42

16. Rita faz o noviciado........................... 45

17. Vida religiosa.................................... 49

18. A chaga na testa 52

19. Romaria à Cidade Eterna.................... 58

20. Rosa e figos...................................... 61

21. Ingresso no palácio
    do rei 64

22. Um corpo incorrupto 67

23. Fragrância do paraíso........................ 70

24. A caminho do altar............................. 73

25. Santa Rita dos nossos dias................. 77

Novena Perpétua
a Santa Rita.. 80

Orações existentes
no tempo de Santa Rita............................ 85

Louvores e súplicas a Santa Rita............... 95

Bibliografia 99

Este livro foi composto com as famílias tipográficas Chaparral e Garamond Pro
e impresso em papel Offset 75g/m² pela **Gráfica Santuário.**